Corporate Identity und ihre Anwendung

Tobias Rohde

Bibliografische Information der Deutschen Nationalbibliothek:

Die Deutsche Nationalbibliothek verzeichnet diese Publikation in der Deutschen Nationalbibliografie; detaillierte bibliografische Daten sind im Internet über http://dnb.d-nb.de abrufbar.

ISBN: 9783346513762
Dieses Buch ist auch als E-Book erhältlich.

© GRIN Publishing GmbH
Nymphenburger Straße 86
80636 München

Druck und Bindung: Books on Demand GmbH, Norderstedt Germany
Gedruckt auf säurefreiem Papier aus verantwortungsvollen Quellen

Das Buch bei GRIN: https://www.grin.com/document/1139745

Hausarbeit

CORPORATE IDENTITY UND IHRE ANWENDUNG

Autor: Tobias Rohde

Abgegeben am: 09.08.2021

Abstract

Diese Hausarbeit behandelt das Konzept der Corporate Identity, wobei sowohl auf den Aufbau als auch die Geschichte der Corporate Identity eingegangen wird, um den Leser*innen einen groben Überblick über das Thema zu verschaffen. Zudem wird noch gezeigt, wie die Corporate Identity der Otto-von-Guericke-Universität Magdeburg in der Entwicklung eines Prototyps für ein neues Prüfungsamtportal eingebracht wurde. Dabei wird zwischen der Ideationphase und der Designphase unterschieden. Eine Zusammenfassung der Arbeit, sowie Verbesserungsvorschläge zum Prototyp und Hinweise für andere Entwickler zur Benutzung des Konzepts der Corporate Identity, werden am Ende erwähnt.

Keywords

Corporate Identity, Corporate Design, Corporate Communication, Corporate Behaviour, Corporate Image, Prototyp, Otto-von-Guericke-Universität Magdeburg

Inhaltsverzeichnis

Abkürzungsverzeichnis

OvGU	Otto-von-Guericke-Universität
CI	Corporate Identity
FAQ	Frequently Asked Questions

Abbildungsverzeichnis

1. Einleitung

Die Corporate Identity (CI) ist ein Konzept mit wachsendem geschäftlichem und akademischem Interesse in den letzten Jahren.[1] Sie zielt darauf ab, den Unternehmen eigene *Gesichter* - also Persönlichkeiten - zu geben, die den manchen Unternehmen auferlegten Stereotypen (z.B. grau, profitorientiert) entgegenwirken können. Die vorliegende Arbeit erläutert zuerst das Konzept der CI in ihrer Zusammensetzung und auch in ihrer Geschichte und vermittelt den Leser*innen so Grundkenntnisse über das Thema. Basierend auf diesen Grundlagen wird darauf eingegangen, wie das *Team Lockdown* die CI der Otto-von-Guericke-Universität Magdeburg (OvGU) in der Ideationphase und der Designphase eines Prototyps für ein neues Prüfungsamtportal an der OvGU hat einfließen lassen. Dazu sei gesagt, dass die Erstellung dieses Prototyps den Zweck der Prüfungszulassung zum Modul *Usability & Ästhetik* von der Arbeitsgruppe *Wirtschaftsinformatik – Managementinformationssysteme* diente. In der Ideationphase wurden zur Ideenfindung die Perspektiven der zukünftigen Benutzer*innen eingenommen, um mögliche Anforderungen besser zu entdecken und zu konkretisieren. Die Designphase bestand dann aus der Umsetzung der Ideen aus der Ideationphase, sowie einer ansprechenden optischen Gestaltung des Prototyps. Für die Ideation- und Designphase wurden die Online Tools *Miro* und *Figma* genutzt. Am Ende der Arbeit wird neben abschließenden Worten zur CI noch analysiert, wo es Verbesserungsmöglichkeiten bei der Einbindung der CI in den Prototypen gibt. Zukünftigen Entwicklungsteams werden Ratschläge zum Umgang mit CI gegeben.

---

1 Vgl. Melewar, T. C., Karaosmanoglu, E., Paterson, D., Corporate identity: Concept, components and contribution. In: Journal of General Management, 31. Jg., Heft 1, 2005, S. 59.

2. Corporate Identity

2.1. Aufbau der Corporate Identity

Die CI als Kommunikationskonzept lässt sich definieren als ein „strategisches Konzept zur Positionierung der Identität oder auch eines klar strukturierten, einheitlichen Selbstverständnisses eines Unternehmens, sowohl im eigenen Unternehmen als auch in der Unternehmensumwelt [...]".[2]

Man kann dieses Konzept jedoch auch als Teil der strategischen Unternehmensführung sehen, wobei die Anwendung der CI dann auch auf die strategische Planung und Führung ausgeweitet wird.[3] Sie wird also von der Führungsebene geformt und vorgegeben, um einen geschlossenen Auftritt nach innen und außen vorzugeben.

Die CI lässt sich grob in drei Unterkategorien aufteilen, nämlich das Corporate Design, die Corporate Communication und das Corporate Behaviour[4], wobei manche Forscher Bestandteile wie Corporate Culture, Corporate Structure, Industry Identity und Corporate Strategy[5] dazu zählen. Folgend ist ein Überblick über die drei bedeutendsten Bestandteile.

Das Corporate Design war in der Anfangsphase der CI „[...] das, was letztlich mit dem Schlagwort CI in Verbindung gebracht wurde."[6], was nicht verwundert, da es der sichtbarste Teil der CI ist und alles Gestalterische in einem Unternehmen umfasst. Dabei geht es um offensichtliches wie das Firmenlogo oder der Bürogestaltung, bis zu Unscheinbarem wie der Schriftart in Unternehmensbriefen.

Die Corporate Communication bezieht sich auf den Informationsaustausch des Unternehmens. Sie umfasst jegliche Kommunikation nach innen und außen, um ein möglichst konsistentes Vorstellungsbild von sich abzugeben. Hierbei sind sowohl Außenstehende als auch Mitarbeiter gemeint.[7] Dies ist vor allem in der heutigen Zeit

---

2 Esch, F.-R., Corporate Identity (2018), https://wirtschaftslexikon.gabler.de/definition/corporate-identity-31786/version-255337 [Stand: 16.07.2021].
3 Vgl. Ebd.
4 Vgl. Ebd.
5 Vgl. Melewar, T. C., Determinants of the Corporate Identity Construct: A Review of Literature, In: Journal of Marketing Communication, 9 Jg., Heft 4, S. 195-220 zitiert nach Melewar, T. C., Karaosmanoglu, E., Paterson, D., Corporate identity: Concept, components and contribution. In: Journal of General Management, 31. Jg., Heft 1, 2005, S. 62.
6 Antonoff, R., Coporate Identity, Frankfurter Allgemeine Zeitungsverlag, Frankfurt/Main, 1983 zitiert nach Wiedmann, K.-P., Corporate Identity und Corporate Design. In: Bruhn, M., Esch, F.-R., Langner, T. (Hrsg.), Handbuch Kommunikation, Gabler Verlag, Wiesbaden, 2009, S. 339.
7 Vgl. Esch, F.-R., Corporate Communication (2018), https://wirtschaftslexikon.gabler.de/definition/corporate-communication-27819/version-251461 [Stand: 16.07.2021].

bedeutsam, da viele Unternehmen einen Auftritt in den sozialen Medien pflegen. Es ist schwer vorstellbar, dass ein traditionelles Unternehmen wie z.b. Steiff in ihrem Internetauftritt Jugendsprache verwendet, während dies für Start-Ups im z.b. Musikgeschäft gewöhnlicher ist.

Das Corporate Behaviour wird von Birkigt, Stadler und Funck als das „[...] weitaus wichtigste und wirksamste Instrument der Corporate Identity [...]"[8] gewertet. Es stellt das „[...] schlüssige Verhalten des Unternehmens mit seinen Auswirkungen und Folgen [...]"[9] dar. Der Unterschied zwischen Corporate Behaviour und Corporate Communication liegt darin, dass sich die Corporate Communication nur auf die Kommunikation, nicht aber auf Taten, die das Unternehmen umsetzt, beschränkt. Um das eigene Corporate Behaviour zu prägen, stehen Unternehmen viele Möglichkeiten z.B. Öffentlichkeitsarbeit, Spendenaktionen, Sportsponsoring von lokalen Vereinen uvm. Zur Verfügung. Das Corporate Image gehört nicht direkt zur CI, sondern stellt vielmehr die Außenwahrnehmung der CI dar, d.h. sie ist eine Art Spiegelbild der CI in der Gesellschaft.[10] Eine schlechte Umsetzung der Corporate Image-Strategie eines Unternehmens hat also zur Folge, dass sich das Bild des Unternehmens in der Öffentlichkeit in eine unerwünschte Richtung bewegt. Diese schlechte Umsetzung kann dadurch zustande kommen, dass sich in den Bestandteilen der CI Inkonsistenzen ergeben. Wenn bestimmte Werte oder Ziele im Corporate Behaviour vorgegeben werden, jedoch nicht in Werbedeals mit anderen Firmen beachtet werden, kann es zu Widersprüchen kommen. Das Corporate Image verschlechtert sich, da die Öffentlichkeit das Unternehmen dann für nicht vertrauenswürdig hält. Es büßt an Glaubwürdigkeit ein. Das gleiche Prinzip, wenn auch in abgeschwächter Form, greift auch beim Corporate Design und der Corporate Communication.

---

8 Birkigt. K./Stadler, M.M./Funck, H.J., Corporate Identity: Grundlagen, Funktionen, Fallbeispiele, Verlag Moderne Industrie, Landsberg/Lech, 9. Aufl., 1998, S. 20.
9 Ebd.
10 Vgl. ebd., S. 23.

Folgende Abbildung verdeutlicht das Zusammenspiel von Corporate Design, Corporate Communication und Corporate Behaviour, die die CI formen, sowie die Beziehung zum Corporate Image.

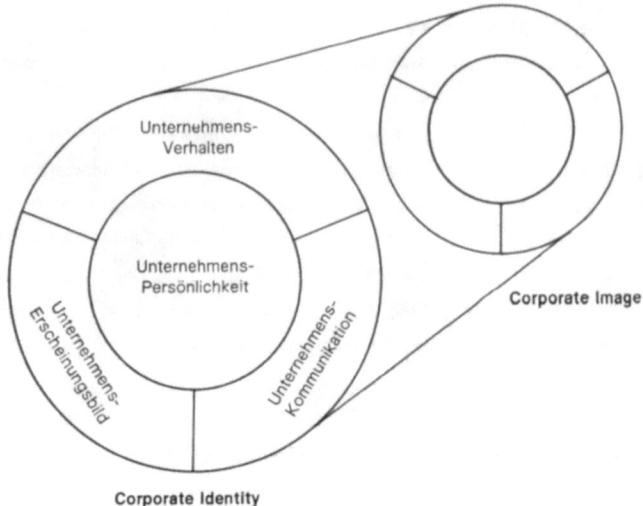

Abbildung 1: Corporate Identity und Corporate Image (Quelle: Birkigt,Stadler,Funck, 1998, S. 23)

2.2. Entstehung der Corporate Identity

John M.T. Balmer unterteilte die Entstehung der CI in fünf Phasen. Vor der CI wurde sich primär mit dem Corporate Image und der grafischen Gestaltung in Unternehmen beschäftigt. 1964 wurde das Konzept der CI dann von Lincott und Margulies geprägt.[11] In den 1970ern und frühen 1980ern wuchs der Einfluss von Grafikdesign-Beratungen und auch der Blick auf die Bestandteile der CI in den Unternehmen.[12] Nachfolgend, in den 1980ern gab es auch vermehrt akademisches Interesse am Konzept der Unternehmensidentität und später kam es dann auch zu internationalem und interdisziplinärem Austausch zwischen Akademiker*innen. Balmer vermutete, dass ab den 2000ern die CI so weit entwickelt sein würde, dass sie eine eigenständige Disziplin, sowohl akademisch als auch in den Unternehmen an sich, wird. Die

---

11 Vgl. Balmer, J. M. T.: Corporate Identity and the Advent of Corporate Marketing. In: Journal of Marketing Management, 14. Jg., Heft 8, 1998, S. 965.
12 Vgl. Ebd.

Unternehmensidentität könnte sich als zentraler Punkt innerhalb des Managements entwickeln und als *Corporate Marketing* an Einfluss gewinnen und es könnten eigene akademische Abschlüsse für CI entstehen.[13] Die Vermutungen Balmers zu der Entwicklung der Unternehmensidentität in den 2000er Jahren lassen sich größtenteils bestätigen. Zwar gibt es keine Bachelor- bzw. Masterprogramme speziell zu CI, das Interesse an dem Fachbereich wächst jedoch zunehmend.[14] *Corporate Marketing*, als neues Konzept um die Unternehmen mit ihrer CI in der Öffentlichkeit zu bewerben[15], hat sich auch in den letzten Jahren hervorgetan und an Einfluss gewonnen, was unter anderem mit dem neuen Beruf des *Corporate Marketing Managers* (und dessen Variationen) und der Etablierung desselben belegen lässt. Das theoretische und erforschbare Konzept der CI ist zwar geschichtlich noch relativ jung, doch auch vorher schon hatten Unternehmen ihre eigene Identität, ausgedrückt durch z.B. Logos, Werbemittel und Außenauftritte.

---

13 Vgl. Balmer, J. M. T.: Corporate Identity and the Advent of Corporate Marketing. In: Journal of Marketing Management, 14. Jg., Heft 8, 1998, S. 965.

14 Vgl. Melewar, T. C., Karaosmanoglu, E., Paterson, D., Corporate identity: Concept, components and contribution. In: Journal of General Management, 31. Jg., Heft 1, 2005, S. 59.

15 Vgl. Balmer, J. M. T.: Corporate Identity and the Advent of Corporate Marketing. In: Journal of Marketing Management, 14. Jg., Heft 8, 1998, S. 989.

3. Anwendung der Corporate Identity im Prototyp

3.1. Corporate Identity der Otto-von-Guericke-Universität

Auf der Webseite der OvGU findet sich kein eigener Artikel zur CI der Universität. Man findet jedoch Informationen zum Corporate Design, wo unter anderem Logos, Farben und Vorlagen zur visuellen Außendarstellung der OvGU gezeigt werden.[16] Aushängeschild der OvGU ist das weiß unterlegte Konterfei Otto von Guerickes in einem farbigen, abgerundeten Rechteck mit entsprechendem Schriftzug darin. Nachfolgend ist das Logo abgebildet.

Abbildung 2: Logo der OvGU (Quelle: https://www.cd.ovgu.de/Logo_+Farbe_+Schrift.html[18.07.2021])

Die Farbe des Rechtecks und der Schriftzug variieren je nach Fakultät, wobei weinrot für die gesamte Universität steht. Es werden auch Varianten für den Social Media Auftritt gezeigt. Universitätsinterne Schreibrichtlinien sind ebenfalls verfügbar und regeln neben Abkürzungen auch Zahlenformatierungen sowie das korrekte Gendern. In Richtung der Kommunikation mit Studierenden lässt sich feststellen, dass die geläufigste Kontaktform der E-Mail-Verkehr ist. Auch in den sozialen Medien, u.a. Instagram[17] gibt es Auftritte, in denen Informationen und Neuigkeiten geteilt werden. Zum Verhalten der Universität lässt sich sagen, dass sie sich unter anderem

---

16 Vgl. Ohne Verfasser (o.V.), Corporate Design an der OVGU (2021) https://www.cd.ovgu.de/ [Stand: 16.07.2021].
17 Vgl. Ohne Verfasser (o.V.), OVGU Magdeburg [Instagram] (2021) https://www.instagram.com/uni_magdeburg/ [Stand: 18.07.2021].

besonders stark für sowohl Kinder (Kinder-Uni und Girl's/ Boy's Day)[18], als auch für Gleichstellung (mit einem eigenem Büro für Gleichstellungsfragen)[19] einsetzt.

3.2. Ideationphase

Die Ideationphase ist ein Teil des Design-Thinking-Prozess und behandelt die Ideenfindung für das zu bearbeitende Projekt. Dabei beschäftigte sich das Team zuerst mit den Personas, d.h. den primären Interessengruppen, die dann auch hauptsächlich das Portal bedienen werden. Die Studierenden und die Prüfungsamtmitarbeiter*innen wurden direkt vorgegeben, woraufhin u.A. Demographien, Ziele, Hobbies und dergleichen notiert wurden. Hiernach wurde eine *Empathy-Map* in Verbindung mit dem *Pain-Gain Modell* erstellt, in welcher das Team sowohl alle Gedanken, als auch Sinneswahrnehmungen der Personas im Umgang mit dem neuen Portal interpretiert hat. Bei diesen beiden Schritten hat das Team sich noch nicht an Aspekten einer CI orientiert. Dies änderte sich jedoch bei der Erstellung der *Customer Journeys*, also Beispielszenarien im Umgang mit dem neuen Portal, sowie der Ausarbeit der gewünschten Funktionen des Portals in der *MoSCoW-Priorisierung*, welche den Zweck der Festlegung der Wichtigkeit der einzelnen Funktionen hat. Das Konzept der CI wurde zwar aufgrund mangelnder Kenntnis des Konzepts zu diesem Zeitpunkt nicht angesprochen, doch es war z.B. sofort klar, dass eine Kommunikation zwischen Studierenden und Mitarbeitern*innen über E-Mails stattfinden soll. Auch die Selbstständigkeit der Studierenden sollte durch das eigenverantwortliche Anmelden von Prüfungen gegeben sein. Die Möglichkeit für Feedback sollte halbjährlich bestehen. So flossen sowohl etwas Corporate Communication durch den E-Mail Verkehr, aber auch Corporate Behaviour durch das Vertrauen in die Studenten, die Aufnahme von Feedback (und somit Kritikfähigkeit), sowie Hilfsbereitschaft durch ein FAQ, ein. Zum Design und vor allem zum Corporate Design der OvGU wurde in der Ideationphase nicht viel gesagt, bis auf unspezifische Schlagworte wie Übersichtlichkeit und einfache Bedienbarkeit, welche jedoch eher allgemeinen Regeln guten Designs als Corporate Design entsprechen.

---

18 Vgl. Ohne Verfasser (o.V.) Veranstaltungen und Projekte (2020) https://www.ovgu.de/Universit%C3%A4t/Organisation/Zentrale+Einrichtungen/Medien +Kommunikation+und+Marketing/Studierendenmarketing/Veranstaltungen+und+Projekte.html [Stand: 18.07.2021].
19 Vgl. Ohne Verfasser (o.V.) Herzlich Willkommen im Büro für Gleichstellungsfragen (BfG) (2021) https://www.bfg.ovgu.de/ [Stand: 18.07.2021].

3.3. Designphase

In der Designphase has sich das Team natürlich auch mehr mit dem Corporate Design der OvGU auseinandergesetzt, auch wenn es nicht explizit angesprochen wurde. So stellte die Einbringung des offiziellen Logos der OvGU auf die Login-Seite einen der ersten Schritte dar. Auch die farbliche Gestaltung orientierte sich an der weinroten Leitfarbe der OvGU, später einigte sich das Team jedoch auf eine farbliche Anpassung des Portals an der jeweiligen Fakultät, zu der der eingeloggte Student gehört. Dies wurde jedoch nicht mehr im Prototypen umgesetzt. Die Farbe des Portals passt sich auch bei den Prüfungsämtern an. Dies betont die Individualität der neun Fakultäten der OvGU und bezieht damit auch das Corporate Behaviour der Universität ein. Speziellere Elemente des Corporate Design der OvGU wurden weitestgehend nicht beachtet, wie z.B. Schriftarten und Abstände, die man um das Logo herum einhalten sollte. Das allgemeine Layout des Prototyps erinnert an das Isf-Portal der OvGU (das bisherige Portal für Prüfungsanmeldungen, Notenübersicht usw.). Ähnlichkeiten ergeben sich aus der Position des Logos und den markanten roten Leisten oben und unten (wenn auch mit unterschiedlicher Funktionalität). Nachfolgend ist die Hauptseite des Prototyps in der Studentensicht abgebildet, die beide Merkmale darstellt.

Abbildung 3: Startseite der Studierenden im Prüfungsamtportal (Quelle: Eigene Abbildung, 2021)

Abschließend lässt sich zur Designphase hervorheben, dass die OvGU eine starke CI (vor allem ein einprägsames Corporate Design) vorweist, da wir sie auch ohne Kenntnis des Konzepts zu einem großen Teil umgesetzt haben. Die OvGU profitiert davon, indem die meisten Nutzer*innen schon anhand der Gestaltung eines neuen Produkts die Zugehörigkeit zur Universität erkennen.

3.4. Lehren aus der Prototyperstellung

Die Nachbetrachtung der Ausarbeitung des Prototyps hat in beiden Phasen deutlich gezeigt, wie wichtig eine vorherige Aufklärung über das Thema CI für ein Entwicklungsteam sein kann. Ohne voriges Gespräch mit dem Auftraggeber oder intensive Recherche über das Unternehmen, kann es zu einer langen, kostenintensiven Nachbesserungsphase für begangene Fehler (beispielsweise falsche Kontaktart, kein Logo, falsche Ansprachen) kommen. In unserem Fall wurden die wichtigsten Punkte der CI der OvGU eingehalten, auch wenn das Projekt nur für eine Prüfungszulassung, und damit das Schadenspotenzial sehr begrenzt war.

4. Fazit

CI ist ein vielschichtiges Thema, welches wissenschaftlich noch relativ jung ist, obwohl es eigentlich schon seit der Existenz von Unternehmen existiert. Sie wird strategisch geformt, um den Unternehmen mehr Tiefe, sowohl nach außen auf z.B. potentielle Kund*innen, aber auch nach innen auf Mitarbeiter*innen zu geben. Mit dieser Arbeit wurde das Konzept, sowie seine einzelnen Bestandteile, aber auch die Geschichte der CI grob beleuchtet und ihre Anwendung in einer Projektarbeit, bei welcher es um die Erstellung eines Prototyps für ein neues Prüfungsamtportal ging, gezeigt. Dabei stellte sich heraus, dass selbst ohne konkrete Anweisungen, die CI der OvGU in dem Prototyp umzusetzen, trotzdem eine beachtliche Menge derselbigen (vor allem im Bereich des Corporate Design) eingeflossen ist. Hätte sich das Projektteam schon vorher mit dem Konzept der CI auseinandergesetzt, hätte man durchaus mehr der Universitätsidentität einfließen lassen können, wie beispielsweise die korrekte Schriftart, Abstände zum Logo und auch eine einheitliche Ansprache (Du/Sie). Dementsprechend ist zukünftigen Entwicklungsteams anzuraten, sich frühzeitig mit ihrer Unternehmensidentität auseinanderzusetzen, um die Integration dieser in ihr jeweiliges Projekt in Vollständigkeit zu gewährleisten. Um spätere Kosten für Änderungen zu sparen, ist es ratsam diese CI-Vorgaben schon vor der Planungsphase einzuholen.

Literaturverzeichnis

1. Balmer, J. M. T.: Corporate Identity and the Advent of Corporate Marketing. In: Journal of Marketing Management (J Market Manag), 14. Jg., Heft 8, 1998

2. Birkigt. K.,Stadler, M.M.,Funck, H.J., Corporate Identity: Grundlagen, Funktionen, Fallbeispiele, Verlag Moderne Industrie, Landsberg/Lech, 9. Aufl., 1998

3. Melewar, T. C., Karaosmanoglu, E., Paterson, D., Corporate identity: Concept, components and contribution. In: Journal of General Management, 31. Jg., Heft 1, 2005

4. Wiedmann, K.-P., Corporate Identity und Corporate Design. In: Bruhn, M., Esch, F.-R., Langner, T. (Hrsg.), Handbuch Kommunikation, Gabler Verlag, Wiesbaden, 2009

5. Esch, F.-R., Corporate Communication (2018), https://wirtschaftslexikon.gabler.de/definition/corporate-communication-27819/version-251461 [Stand: 16.07.2021]

6. Esch, F.-R., Corporate Identity (2018), https://wirtschaftslexikon.gabler.de/definition/corporate-identity-31786/version-255337 [Stand: 16.07.2021]

7. Ohne Verfasser (o.V.), Corporate Design an der OVGU (2021) https://www.cd.ovgu.de/ [Stand: 16.07.2021]

8. Ohne Verfasser (o.V.) Herzlich Willkommen im Büro für Gleichstellungsfragen (BfG) (2021) https://www.bfg.ovgu.de/ [Stand: 18.07.2021]

9. Ohne Verfasser (o.V.), Logo, Farbe, Schrift (2021) https://www.cd.ovgu.de/Logo_+Farbe_+Schrift.html [Stand: 18.07.2021]

10. Ohne Verfasser (o.V.), OVGU Magdeburg [Instagram] (2021) https://www.instagram.com/uni_magdeburg/ [Stand: 18.07.2021]

11. Ohne Verfasser (o.V.) Veranstaltungen und Projekte (2020) https://www.ovgu.de/Universit%C3%A4t/Organisation/Zentrale+Einrichtungen/Medien_+Kommunikation+und+Marketing/Studierendenmarketing/Veranstaltungen+und+Projekte.html [Stand: 18.07.2021]